신의 잠꼬대

시와반시 기획시인선 019

신의 잠꼬대

장하빈 시집

| 차례 |

| 1부 |

시인은 신의 잠꼬대 받아쓰는 건달바

11 　봄

12 　청춘

13 　장미

14 　장미와 별똥

15 　시와 지팡이

16 　시인과 건달

17 　절필

18 　먼지의 반란

19 　산책

20 　소요학파 逍遙學派

| 2부 |

꽃은 깨어난 씨앗, 씨앗은 잠자는 꽃

23 기도

24 꽃과 씨앗

25 질라래비 훨훨

26 오실지

27 섬

28 바다

29 파도 소리

30 소나기 삼형제

31 똥

32 팔월

| 3부 |

달빛은 나의 악보, 그림자는 나의 악기

35 오솔길

36 해와 달

37 밤과 낮

38 달빛 소나타

39 달빛 사다리

40 별리

41 추야장秋夜長

42 연

43 연인에게

44 명마산鳴馬山 장군바위

| 4부 |

번개의 낮과 천둥의 밤을 건너온 사이

47 부부

48 가을 초상

49 노숙자들

50 조선 소나무

51 달과 소나무

52 산중 설야 · 1

53 산중 설야 · 2

54 설눈

55 불면증

56 산문山門

57 산문 여행과 산책을 통한 명상적 시 쓰기

| 1부 |

시인은 신의 잠꼬대 받아쓰는 건달바

봄

네가 봄이었으면 참 좋겠어

봄은 말이야
보고 싶은 이에게 꽃을 물고 오거든

청춘

꽃댕기 물들이는 봄날이여
가슴속 번지는 사랑이여

아서라,
너는 짧아서 눈부시다
너는 떠난 열차라서 아름답다

장미

　나는 장미와 사랑을 꿈꾸어요 장미는 뱀이나 여우라는 이름으로 불리어도 향기로우니까* 장미를 사랑하면 가시도 꾹꾹 삼킬 수 있을 테니까

---

* 셰익스피어 희곡 『로미오와 줄리엣』에서 몬테규가의 이름을 버리라며 줄리엣이 로미오에게 한 대사의 변용.

장미와 별똥

붉은 장미 꺾어 바치는 소녀
푸른 별똥 주워 바치는 소년

한 생애 저물도록
꽃 피고 별 지는 천지간에
뜨거운 밥상 마주하고 앉았네

시와 지팡이

시는 신이 내게 선물한 삶의 지팡이

나는 왜, 지팡이를 머리에 이고 사나?

시인과 건달

시인의 준말은 신

신의 본말은 시인

시는 신의 잠꼬대*

시인은 신의 잠꼬대 받아쓰는 건달바乾達婆**

---

* 리호 시 '신의 잠꼬대'를 차용.
** 범어 '간다르바gandharva'의 음역. 천상의 음악을 맡아 보는 신.

절필

새가 날개 접으면 새의 주검 되듯
밥그릇 엎으면 하얀 사리 무덤 되듯
붓을 꺾으면 생의 불꽃 사그라지네
붓끝에서 불꽃이 피어나는 까닭이네

먼지의 반란

볕드는 아침마다 먼지가 궐기한다
밤새 쥐 죽은 듯 방구석에 숨죽이고 있다가
일제히 반란을 일으키는 것
잠자던 영혼이 부활하는 순간인가?

산책

맨발로 책 읽는 사람
까치발로 책 읽는 사람
지팡이로 책 읽는 사람
자전거 바퀴로 책 읽는 사람

금호강 햇살 둥지 속
산란한 마음 산란하는 시간

소요학파 逍遙學派

독서는 키스
산책은 섹스

키스는 잠든 영혼을 깨우고
섹스는 잠든 육체를 깨운다

| 2부 |

꽃은 깨어난 씨앗, 씨앗은 잠자는 꽃

기도

두 손바닥으로 피워 올린
아름답고 거룩한 꽃봉오리

나의 오롯한 기도가
지상의 낮은 풀잎들에게
영롱한 이슬방울로 맺히기를……

꽃과 씨앗

꽃은 깨어난 씨앗
씨앗은 잠자는 꽃

당신은 꽃, 나는 씨앗

질라래비 훨훨

꽃 본 나비 담 넘어가랴
물 본 기러기 산 넘어가랴

그대 숨기척 못내 그리워
어제는 꽃밭을 맴돌고
오늘은 물기를 맴돈다

오실지

그대라는 바다에 가닿지 못한 슬픈 꿈

나홀로 하늘만 가득 퍼 담는 독항아리

섬

섬은 그리움

사람들은 바다에 배를 띄우고
섬과 섬 사이 다리를 놓았다

그러자
섬이 사라졌다
세상의 모든 그리움이 사라졌다

바다

등대는 느낌표 !
파도는 물결표 ~
갈매기는 눈웃음표 ^^
섬은 쉼표 ,
수평선은 줄임표 ……

바다엔 별의별 생의 부표가 떠 있다

파도 소리

"요즘엔 두고 온 쪽빛 하늘만 바라봐요~"
"그래 난 너의 갈맷빛 바다를 그린단다~"

서귀포엔 바다의 음계를 지닌 그녀가 산다

소나기 삼형제

번개를 데려오고
천둥을 데려오고
폭풍을 데려와서

목마른 대지에 내리퍼붓는
하느님의 물세례

뚱

오뉴월 뙤약볕 속
길바닥에 똬리 틀고 있다니

애고머니, 징글맞은 뱀!

똥피리 날아들자
저 혓바닥 놀리는 것 좀 보아

팔월

말매미 울음에 도시가 달구어지고
개구리 울음에 농촌이 끓어오른다

열섬에 갇혀 동동거리는 긴긴 여름

| 3부 |

달빛은 나의 악보, 그림자는 나의 악기

오솔길

오랜 입맞춤 하고서

솔바람 따라간 옛사랑의

길고 긴 꼬리여

해와 달

해는 왕관
달은 비수

해는 머리에 빛나고
달은 가슴을 저미네

밤과 낮

밤은 여자, 낮은 남자
하루의 뱃속에서 태어난 이란성 쌍둥이

주야장천 서로 꽁무니만 따라다니는
사랑의 숨바꼭질

달빛 소나타

달빛은 나의 악보
그림자는 나의 악기

나는 그림자 밟으며
달빛을 연주한다

달빛 사다리

다락방 창문으로 스민 달빛 연인
겨드랑이 파고들며 속삭거리네

"억수장마에 당신 품이 그리웠어요"

천상의 그녀가 오시 않는 날은
들창가 달빛 사다리 타고 노네

별리

봄에는 먼 들판에서 울고
여름엔 마당귀에서 울고
가을엔 마루 밑에서 울고
겨울엔 가슴속에서 운다

귀뚜르귀뚜르
천지간에 울음만 수놓고 간 솔아

추야장秋夜長

긴긴 가을밤에
오지 않는 게 잠뿐이랴

오지 않는 강물
오지 않는 기차
오지 않는 청춘
오지 않는 사랑

오지 않는 임 헤아리다
오늘도 날 샜다

연

사랑의 궤도를 그리던
긴 꼬리연 하나

불새 되어 훨훨
태양 속으로 날아간 뒤

그리움으로 눈먼 세상
나에게로 왔다

연인에게

깊은 밤 뒤척이는 나
먹빛 울음 삼킨 밤바다라면

캄캄한 저 하늘 흐르다흐르다
나의 꿈속으로 쏟아지는
그대는 푸른 별똥비여리

명마산鳴馬山 장군바위

볕 쨍쨍한 날엔 창검으로 보이고
끄무레한 날엔 남근으로 보이고
눈비 오는 날엔 펜촉으로 보이네

아무렴,
유년의 마구간 뛰쳐나온 말 울음소리
오늘도 공산에 솟구치고말고!

| 4부 |

번개의 낮과 천둥의 밤을 건너온 사이

부부

번개의 낮과 천둥의 밤을 건너온 사이

가을 초상

기러기 떼 찬이슬 물고 오자
하늘빛이 말갛게 닦인 동경 같다

볕뉘 쬐며 여린 강물 따라가는
내 낯빛도 저 가을하늘 닮았을까

노숙자들

공원 양지쪽에 해바라기하는 추풍낙엽들

꾸벅꾸벅 졸다가도 밥때가 되면
천사무료급식소로 쪼르르르 몰려간다

오, 꼬리에 꼬리를 문 구불텅한 밥기차!

조선 소나무

보라!
그 옛날 핍박당한 백성들이
대대손손 목매달아
허리 굽은 저 소나무들을

달과 소나무

허공을 떠도는 너의 얼굴
솔가지로 쓸어내릴 때마다
보드라운 달빛 가루 쌓이고
그 달빛 무게로
나의 등허리가 이리 휘었을까

산중 설야 · 1

마음 푸르청청한 날엔
솔가지에 얹힌 눈 터는 소리 들리고

꿈자리 뒤숭숭한 날엔
눈 쌓인 솔가지 부러지는 소리 들리는

산중 설야 · 2

천상의 아들이 지상으로 나려오다 길을 잃을까 봐
처마끝 등불 밝혀놓고 물레질로 지새우는 어머니

설눈

섣달 그믐날 밤 깜빡 잠든 사이
흰 눈썹 싸르락싸르락 하늘에서 내려와
안마당에 몰래몰래 쌓였나

새들이 입방아 찧는 눈부신 설날 아침

불면증

겨울밤은 꼬리가 참 길다
어쩌면,
독사 혓바닥 같다

산문山門

어제는 마음이 소란해서 산문에 들고
오늘은 춥고 배고파서 산문을 나섰다
내일은 적막 그리워 산문을 서성일까

| 산문 |

여행과 산책을 통한 명상적 시 쓰기

#

너는 짧아서 눈부시다
— 졸시 「청춘」 부분

스마트폰 시대를 사는 현대인의 삶의 기호와 리듬에 맞추어 5행 내외의 짧은 경구로 된 잠언시집을 펴낸다. 잠언箴言은 '바늘로 찌르는 말씀', 곧 가르쳐서 훈계하는 말을 의미한다. 따라서 잠언시箴言詩라 함은 경계와 교훈의 내용과 함께 명상과 성찰의 어조를 띤 것으로, 절제된 아름다움의 시를 지향한다.

팔공산 문학의 집 〈다락헌〉에 머물며 명상에 잠기거나, 강과 호수를 산책하거나, 항구와 섬을 여행하다가 문득문득 떠오르는 시상을 메모한 것들이다. 요산요수의 일상에서 건져 올린 지혜와 사유에다 기지와 익살을 덧대어 짧고 간결한 형식에 담아내고자 하였다. 바라건대, "짧아서 눈부신" 잠언시의 매력이 얼추 깃들었으면 한다.

#

섬은 그리움

사람들은 바다에 배를 띄우고
섬과 섬 사이 다리를 놓았다

그러자
섬이 사라졌다
세상의 모든 그리움이 사라졌다

― 졸시 「섬」 전문

몇 해 전부터 1년에 한두 차례 섬을 여행하고 있다. 주로 〈섬시〉 동인과 함께다. 〈섬시〉 동인은 중앙도서관 평생교육센터 시창작교실에서 만난 회원 몇몇이서 결성한 동인으로, 소매물도, 홍도, 흑산도, 청산도, 비진도, 욕지도 등 나만의 섬을 하나씩 소유하고(?) 있다. 그래서 동인들의 등단이나 시집 출판 등의 축하를 위해 섬을 함께 다녀오는 것으로 '섬시 동인 선언문'에 담겨 있다. 축배를 들기 위해 같은 배를 타고 섬으로 떠나는 동인들의 가슴은 얼마나 부풀고 울렁이겠는가? 자신의 섬을 방문할 때는 그 섬에 대해 쓴 시를 시화 액자로 만들어 섬의 카페나 식당 같은 곳에 걸어두고 온다. 홍도 여행 때 시화를 들고 어느 식당을 찾았을 때 우리가 액자를 판매하는 장사치로 오인 받고 문전박대 당하기도 했다. 하는 수 없이 파출소에 부탁했더니 소장께서 이리저리 연락을 취해 여행객의 눈길이 가장 많이 닿는 유람선 선착장 매표소 입구에 걸도록 힘써 준 일도 있었다.

 나의 섬을 사리살짝 고백하자면, 미지의 섬이라 불리는 욕지도다. 〈섬시〉 동인과 3년 전에 욕지도를 찾아 모밀잣밤나무숲, 삼여전망대, 펠리컨바위

등 섬을 일주하고 나서, 카페 '욕지도 할매 바리스타'에 들러 졸시 '욕지도'를 기증하고 왔다. 그곳은 욕지도 할머니들이 바리스타로 일하며 수익으로 장학금을 기탁하는 등의 선행을 베풀어 방송도 여러 차례 탄, 관광객들의 핫한 명소다. 그래서인지 그 후로 욕지도를 다녀온 몇몇 지인이 "섬이 솟거나 가라앉지도, 섬이 긴 부리 내밀고 먼 바다로 훨훨 날아가지도 않았다"고, 졸시 '욕지도'에 대한 안부를 반가이 전해 주기도 했다.

지금까지 〈섬시〉 동인과 함께 연화도, 비진도, 소매물도, 지심도, 홍도, 흑산도, 청산도, 욕지도, 장사도, 안면도를 차례로 다녀왔다. 섬 여행에 몸이 후끈 달아오른 나는 가까운 시인들과도 가덕도, 울릉도, 소록도, 연홍도, 나로도, 무녀도, 선유도, 장자도를 여행하기도 했다.

소매물도 끄트머리에서 등대섬을 굽어볼 때도 그렇거니와, 욕지도 언덕바지에서 펠리컨바위를 바라보며 환호작약하던 그 순간을 결코 잊을 수 없다. 느림의 섬 청산도에서 서편제길을 진도아리랑을 흥얼거리며 오르내릴 때, 나지막한 돌담 너머 펼쳐진 도락포구의 평화로운 정경은 아직도 눈에

삼삼하다. 배가 섬의 항구에 닿을 때마다 부웅~ 하고 울려 퍼지던 뱃고동 소리와, 우리를 끼룩끼룩 반기던 갈매기 울음은 여전히 귀에 쟁쟁하다.

  그리하여 지금까지, 아니 앞으로도 나에게 "섬은 그리움"이다.

#

그대라는 바다에 가닿지 못한 슬픈 꿈

나홀로 하늘만 가득 퍼 담는 독항아리

— 졸시 「오실지」 전문

팔공산 자락 능성동에 깃들인 새 둥지 〈다락헌〉에 머물면서 오후 한 차례 마을 산책을 나갔다. 윗각단 아랫각단 골목길 따라 걷다가 길섶에 조붓하게 조성된 살피꽃밭을 들여다보기도 하고, 마을 입구 구릉에 펼쳐진 솔밭을 거닐며 나의 '오래된 미래'(헬레나 노르베리 호지)를 꿈꾸기도 하였다. 여름이면 솔밭에 텐트를 쳐 두고 그 속에서 독서나 낮잠으로 한 달을 보낸 적도 있었다.

10여 년의 시간이 흐른 지금, 마을 초입에 서 있던 우람한 동구나무가 사라진 것과, 솔밭에 찻집이 들어서면서 그 주변이 글램핑 장소로 바뀌어 산책의 호젓한 장소가 사라진 것이 마냥 아쉽기만 하다.

잘못 든 길이 지도를 만든다고 하던가?

능성동에 정착한 지 열두 해가 지나가던 지난여름, 마을 변두리를 산책하다가 한적하고 외진 곳에서 '오실지'라는 자그마한 못을 발견한 것은 참 놀라운 기쁨이다. 〈다락헌〉에서 불과 500미터 정도 떨어진 곳에 비경이 숨어 있는 걸 왜 여태 몰랐을까? 평소 논밭둑길로 마을 주변 산책을 다닐 때는 까맣게 모르고 그냥 지나쳤는데, 최근에 그 길이 논밭 속으로 사라져 다른 길을 찾다가 우연히 오실지를 만난 것이다.

"슬픈 꿈" 같고 "독항아리" 같은 오실지! 해질녘이면 그 못을 어김없이 찾아간다. 못가의 하늘과 구름, 소금쟁이와 물잠자리, 개망초꽃과 강아지풀, 소나무와 멧비둘기 등이 나를 반겨주기 때문이다. 가끔은 산돌림, 웃비, 작달비, 모다깃비, 개부심 등을 못가에서 만나는 것도 여간 반가운 일이 아니다. 이들에게 마음속의 이야기보따리를 끌러 놓거나, 건강과 건필과 건승을 소망하며 오실지를 세 바퀴 돈다.

그러던 어느 석양 무렵, 못물을 길어 머리에 이고 못둑 저편에서 이쪽으로 살래살래 걸어오는 눈부신 여인을 만난 듯한 환상에 사로잡혔다. 그때 내 앞을 언뜻 스쳐간 그것은 물동이였는지 독항아리였는지, 강아지풀이었는지 개망초꽃이었는지, 어쩌면 명지바람이었는지 여우비였는지는 알 수 없다. 아무튼 그날부터 해거름의 오실지 산책은 경이롭고 신비한 환상을 동반하고 있다. 못의 여신이 오실지가 되어 나를 기다리기도 하고, 내가 오실지가 되어 못의 여신을 만나기도 하면서…….

#

시는 신이 내게 선물한 삶의 지팡이

나는 왜, 지팡이를 머리에 이고 사나?

— 졸시 「시와 지팡이」 전문

  섬 여행이나 마을 산책은 〈다락헌〉에서의 명상적 시 쓰기로 이어진다. "신이 내게 선물한 삶의 지팡이"를 머리에서 비로소 땅에 내려놓는 시간이 된다.

  '즐거움을 많이 누리는 집'이라는 의미의 당호를 삼은 〈다락헌多樂軒〉에는 두 개의 다락방이 있어 컴퓨터가 놓여 있는 동편재東便齋는 창작의 공간으로, 이부자리가 펼쳐져 있는 서편재西便齋는 명상의 공간으로 삼아 왔다. 그 동편재와 서편재를 오락가락하는 사이, '가볍게, 느리게, 단순하게' 살고자 하는 나의 자연 친화적인 삶이 고스란히 반영된 시집 『까치 낙관』, 『총총난필 복사꽃』이 탄생되기도 하였다.

  4년 전, 수성못 근처 옛 아파트로 세간살이를 일부 옮기고, 〈다락헌〉은 나만의 집필 공간으로 오롯이 남겨졌다. 그래서 이곳에 혼자 줄곧 머무르면서 해남에서 튤립과 수선화를, 광주에서 꽃무릇을 구하여 마당 곳곳에 심었다. 봄에는 튤립 축제와

수선화 축제, 가을에는 꽃무릇 축제를 펼칠 생각에 달뜬 나날을 보냈던 것! 그러던 중, 예기치 않게 '팔공산 문학의 집 다락헌'이란 문패를 달고 다락헌시인학교를 개설하여 매주 한 차례 '시마詩魔'라는 귀한 손님맞이에 소소한 즐거움을 누리고 있다.

카르페 디엠Carpe diem!
카르페 포엠Carpe poem!

시와반시 기획시인선 019
신의 잠꼬대

2021년 3월 2일 초판 1쇄

지은이 | 장하빈
펴낸이 | 강현국
펴낸곳 | 도서출판 시와반시

등록 | 2011년 10월 21일 (제25100-2011-000034호)
주소 | 대구광역시 수성구 지산로 14길 83, 101-2408호
대표전화 | 053)654-0027
팩스 | 053)622-0377
E-mail | khguk92@hanmail.net

ISBN 978-89-8345-108-8 03800

*이 책 내용의 전부 또는 일부를 재사용하려면 반드시 저작권자와
 시와반시사 양측의 동의를 받아야 합니다.
*잘못된 책은 바꾸어 드립니다.
*지은이와의 협의에 의해 인지는 생략합니다.